Konjunktionen

Die Konjunktionen ***and*** (und) sowie ***but*** (aber, sondern) werden wie im Deutschen benutzt. Sie verbinden gleichrangige Sätze und Satzglieder.

Fast alle anderen Konjunktionen leiten Nebensätze ein.

He put on his coat. He put on his hat. It was cold. He left the house.
→ He put on his coat **and** his hat, **because** it was cold **when** he left the house.
Er zog seinen Mantel an und setzte seinen Hut auf, weil es kalt war, als er das Haus verließ.

Durch eine Konjunktion wird die Position des Verbs oder des Hilfsverbs im englischen Nebensatz – anders als im Deutschen – nicht verändert.

I left the cinema. The film was boring.
→ I left the cinema, **because** the film was boring.
Ich verließ das Kino, weil der Film langweilig war.

Kausale Konjunktionen

In einem kausalen Nebensatz steht der Grund bzw. die Ursache für das, was im Hauptsatz steht.

as	*da, weil*	**for**	*da, denn*
because	*da, weil*	**since**	*da, weil*

As / Because / Since she was late she took a taxi.
– *Da sie spät dran war, nahm sie ein Taxi.*

Achtung! Ein Nebensatz mit ***for*** kann immer nur nach dem Hauptsatz stehen.
She took a taxi **for** she was late. – *Sie nahm ein Taxi, denn sie war spät dran.*

Temporale Konjunktionen

Ein temporaler Nebensatz stellt eine zeitliche Beziehung zum Hauptsatz her.

after	*nachdem*	**since**	*seit(dem)*
as	*als*	**until**	*bis*
as long as	*solange*	**when**	*wenn, als*
as soon as	*sobald*	**while**	*während*
before	*bevor*		

She arrived **as** the train was leaving. – *Sie kam an, als der Zug gerade abfuhr.*

When kann „(jedes Mal,) wenn" und „als" bedeuten:
When he arrived, he took a photo. – *Als er ankam, machte er ein Foto.*
When he was in London he always took photos.
– *Wenn er in London war, machte er immer Fotos.*

that und *so (that)*

that	*dass, sodass*	**so (that)**	*damit*

that drückt eine Folge bzw. ein Ergebnis aus (konsekutive Bedeutung).
It was so cold yesterday **that** I did not leave the house. – *Gestern war es so kalt, dass ich nicht aus dem Haus ging.*

so that wird in Nebensätzen verwendet, die einen Zweck angeben (finale Bedeutung). *that* kann dabei auch weggelassen werden.
I need a pen **so (that)** I can write him a note. – *Ich brauche einen Stift, damit ich ihm eine Nachricht schreiben kann.*

Statt eines Nebensatzes mit *so that* kann man häufig auch eine Infinitivkonstruktion mit ***to*** oder ***in order to*** verwenden:
She took a taxi **(in order) to** get there in time. – *Sie nahm ein Taxi, um rechtzeitig dort anzukommen.*

Weitere Konjunktionen

although	*obwohl*	**if / whether**	*ob*
unless	*es sei denn, dass*	**whereas**	*während; wohingegen*

Diese Konjunktionen werden wie im Deutschen verwendet.
Zu ***if*** in der Bedeutung „wenn, falls" siehe „*if*-Sätze".

if-Sätze

if-Sätze geben eine Bedingung an für das, was im Hauptsatz steht (konditionale Bedeutung).

Möglichkeit in der Gegenwart

Die Erfüllung der Bedingung wird für wahrscheinlich oder möglich gehalten.

if-Satz	Hauptsatz
Present Simple	Future Simple

If the weather is fine we **will go** for a walk.
– *Falls/Wenn das Wetter schön ist, machen wir einen Spaziergang.*

Unmöglichkeit in der Gegenwart

Die Erfüllung der Bedingung wird für unwahrscheinlich oder unmöglich gehalten.

if-Satz	Hauptsatz
Past Simple	Conditional

If the weather **was** fine we **would go** for a walk.
– *Wenn das Wetter schön wäre, würden wir einen Spaziergang machen.*

Unmöglichkeit in der Vergangenheit

Die Erfüllung der Bedingung ist unmöglich, da das Ereignis in der Vergangenheit bereits anders eingetreten ist.

if-Satz	Hauptsatz
Past Perfect	Conditional Perfect

If the weather **had been** fine we **would have gone** for a walk. – *Wenn das Wetter schön gewesen wäre, hätten wir einen Spaziergang gemacht.*

Präpositionen

Da es keine festen Regeln für die Verwendung von Präpositionen gibt, lernen Sie diese am besten immer gleich mit einem passenden Beispiel.

Präpositionen des Ortes

- ***at*** wird häufig bei Gebäuden oder Gebäudeteilen, öffentlichen Einrichtungen und Veranstaltungen und im Sinne von „am, an der" benutzt:
  at the station – *am Bahnhof,* **at** the entrance – *am Eingang,* **at** the office – *im Büro,* **at** the party – *auf der Party,* **at** the table – *am Tisch*
- ***in*** wird bei Ortsangaben verwendet, wenn man an das Innere des Ortes oder Gebäudes denkt:
  a library **in** the school – *eine Bibliothek in der Schule,* **in** Paris – *in Paris*
- ***on*** kann sowohl „auf" als auch „an" bedeuten:
  on the table – *auf dem Tisch,* **on** the wall – *an der Wand*
- ***beside***, ***next to***, ***by*** und ***near*** weisen auf Positionen hin, die vom Bezugspunkt weiter entfernt sind:
  sit **beside** someone – *neben jemandem sitzen*
  next to the postoffice – *neben dem Postamt*
  by the canal – *am Kanal*
  near the town centre – *nahe beim Stadtzentrum*

Präpositionen, die eine Richtung angeben

- Eindeutig richtungsanzeigend sind ***into*** (in) und ***onto*** (auf). In der Umgangssprache können stattdessen auch ***in*** bzw. ***on*** verwendet werden.
  He has just put the book **into / in** his bag. – *Er hat das Buch eben in seine Tasche gesteckt.*
- ***to*** in der Bedeutung „zu, nach" wird bei Städten, Ländern, Gebäuden etc. verwendet:
  go **to** Italy/**to** London/**to** the party – *nach Italien/nach London/zur Party gehen*
  Achtung! Welcome to Berlin. – *Willkommen in Berlin.*
  to wird auch vor indirekten Objekten („wem?") benutzt:
  Please don't give sweets **to** the children. – *Geben Sie den Kindern bitte keine Süßigkeiten.*
- ***from*** gibt den Ausgangspunkt an:
  greetings **from** Italy – *Grüße aus Italien*
  back **from** holiday – *zurück vom Urlaub*

Präpositionen der Zeit

- ***on*** wird bei Wochentagen un[...] zeiten und Datumsangaben v[...]
  on Monday – *am Montag,* **on** [...]
  – *am zwölften Juni*
- ***at*** wird bei Uhrzeiten, Tagesze[...] Mahlzeiten benutzt:
  at six o'clock – *um 6 Uhr,* **at** night – *nachts*
  Achtung! Es heißt aber:
  in the morning/afternoon/evening
- ***in*** wird bei Jahreszeiten, Jahren und Monaten verwendet:
  in spring – *im Frühling,* **in** 1850 – *(im Jahre) 1850*
- ***since*** wird mit Bezug auf einen vergangenen Zeitpunkt bzw. Zeitraum in der Bedeutung von „seit" verwendet:
  since last week – *seit letzter Woche,* **since** 1945 – *seit 1945,* **since** my birthday – *seit meinem Geburtstag*
- ***for*** wird bei der Angabe einer Zeitdauer benutzt:
  for two weeks – *zwei Wochen lang, seit zwei Wochen,* **for** hours – *stundenlang, seit Stunden*

Achtung! Geht es um Vorgänge oder Zustände, die bis zur Gegenwart andauern, wird in Sätzen mit der Präposition ***since*** oder ***for*** das Present Perfect bzw. das Present Perfect Continuous verwendet:
Since his car accident John **has worked** part time.
Seit seinem Autounfall arbeitet John Teilzeit.
For (the last) two years John **has been working** part time. – *Seit zwei Jahren arbeitet John Teilzeit.*

- ***before*** wird mit einem Zeitpunkt, ***ago*** mit einer Zeitdauer verwendet. ***ago*** wird immer nachgestellt:
  before 6 o'clock – *vor 6 Uhr*
  6 hours **ago** – *vor sechs Stunden*
- ***from*** und ***until*** werden mit einer Zeitgrenze verwendet:
  from 8 o'clock **until** 11 o'clock – *von 8 bis 11 Uhr*
  In der Umgangssprache wird häufig ***till*** statt *until* verwendet:
  from dawn **till** dusk – *von morgens bis abends*

Wichtige zeitliche Ausdrücke:
by 2 o'clock – *bis spätestens 2 Uhr*
around 2 o'clock – *gegen 2 Uhr*
arrive **on time** – *pünktlich ankommen*
arrive **in time** – *rechtzeitig ankommen*
at the same time – *gleichzeitig*

Besonderheiten

Manche Präpositionen bestehen aus zwei oder mehr Wörtern:
back to the cinema – *zurück zum Kino*
because of the weather – *wegen des Wetters*
in spite of the weather – *trotz des Wetters*
instead of – *(an)statt*
out of – *aus … heraus, außerhalb von*

Folgende wichtige Ausdrücke sollte man sich besonders merken:
a book **by** Goethe – *ein Buch von Goethe;* made **of** silk – *aus Seide;* **by** plane – *mit dem Flugzeug;* **on** foot – *zu Fuß;* **by** chance – *durch Zufall;* **by** the way – *übrigens*

Auf einen Blick – ENGLISCH Grammatik
von Corinna Löckle-Götz und Sheila McBride

Rechtschreibreformiert 2006.
Internet: www.pons.de • E-Mail: info@pons.de
Redaktion: Regina Reinboth-Kämpf
Layout/Satz: BUERO CAÏRO, Stuttgart
Druck: Achilles, Celle
ISBN: 978-3-12-**560702**-6

9 783125 607026

PONS Auf einen Blick
ENGLISCH
Grammatik

Adjektiv

Im Gegensatz zu deutschen Adjektiven bleiben englische Adjektive immer unverändert:
an **old** book – *ein altes Buch*
many **old** books – *viele alte Bücher*
an **interesting** film – *ein interessanter Film*
interesting films – *interessante Filme*

Adjektive stehen meistens vor dem Substantiv, das sie näher beschreiben:
That is my **rich** aunt, Lisa. – *Das ist meine reiche Tante Lisa.*

Sie stehen häufig auch nach den Verben *be* (sein), *become* (werden), *seem* (scheinen), *smell* (riechen, duften), *taste* (schmecken):
This author will **become famous** very soon. – *Dieser Autor wird sehr bald berühmt werden.*
The cake **smells nice**. – *Der Kuchen riecht lecker.*

Partizipien als Adjektive

Die *-ing*-Form und das Past Participle eines Verbs können als Adjektive benutzt werden

***-ing*-Form:** Rocks were falling on the road. – *Steine fielen auf die Straße.*
→ The **falling** rocks blocked the road. – *Die fallenden Steine blockierten die Straße.*

Past Participle: We have broken a plate. – *Wir haben einen Teller zerbrochen.*
→ We threw the **broken** plate into the bin. – *Wir warfen den zerbrochenen Teller in den Mülleimer.*

Steigerungsformen

Steigerungsformen mit *-er* und *-est*

Bei einsilbigen Adjektiven sowie bei zweisilbigen Adjektiven, die auf *-er, -le, -ow* oder *-y* enden, werden die Steigerungsformen mit ***-er*** und ***-est*** gebildet:
a tall boy – *ein großer Junge*
a tall**er** boy – *ein größerer Junge*
the tall**est** boy – *der größte Junge*

Besonderheiten bei der Bildung:
- Endet das Adjektiv auf *-e*, wird nur *-r* bzw. *-st* angehängt:
  a nice girl → a nice**r** girl → the nice**st** girl
- Endet das Adjektiv auf *-d, -g* oder *-t*, wird dieser letzte Buchstabe bei der Steigerung verdoppelt:
  a big house → a bi**gger** house → the bi**ggest** house
- Endet das Adjektiv auf *-y*, verwandelt sich das *-y* bei der Steigerung zu *-ie*:
  a sunny day → a sunn**ier** day → the sunn**iest** day

Steigerungsformen mit *more* und *most*

Die Steigerungsformen werden mit ***more*** und ***most*** gebildet bei
- zweisilbigen Adjektiven, die nicht auf *-er, -le, -ow* oder *-y* enden:
  a **famous** author – *ein berühmter Autor*
  a **more famous** author – *ein berühmterer Autor*
  the **most famous** author – *der berühmteste Autor*
- allen Adjektiven mit mehr als zwei Silben:
  an **expensive** book – *ein teures Buch*
  a **more expensive** book – *ein teureres Buch*
  the **most expensive** book – *das teuerste Buch*
- Adjektiven, die von Partizipien abgeleitet sind:
  a **boring** film – *ein langweiliger Film*
  a **more boring** film – *ein langweiligerer Film*
  the **most boring** film – *der langweiligste Film*

Unregelmäßige Steigerungsformen

bad	worse	worst	*schlecht, schlimm*
good	better	best	*gut*
ill	worse	worst	*krank*
well	better	best	*gesund*
little	smaller	smallest	*klein*
far	farther/ further	farthest/ furthest	*weit*

Übrigens: ***too*** wird für das deutsche „zu (sehr)" verwendet.
The shirt is **too** short. – *Das Hemd ist zu kurz*

Vergleiche

Um zwei ähnliche Sachen zu vergleichen, wird die Grundform des Adjektivs + ***as … as*** verwendet:
Anne is **as tall as** her sister. – *Anne ist so groß wie ihre Schwester.*

Um zwei ungleiche Sachen zu vergleichen, wird die Steigerungsform mit ***-er*** bzw. ***more + than*** verwendet:
Anne is **taller than** her brother. – *Anne ist größer als ihr Bruder.*

Um auszudrücken, dass eine Eigenschaft unübertrefflich ist, wird die Steigerungsform mit ***-est*** bzw. ***most*** zusammen mit dem bestimmten Artikel verwendet:
Bob is **the tallest** (of all). – *Bob ist am größten/der Größte (von allen).* He is **the most famous**. – *Er ist am berühmtesten/ der Berühmteste.*

Adverb

Ein Adverb kann sich auf ein Verb, ein Adjektiv, ein anderes Adverb oder einen ganzen Satz beziehen.

Verb:	He **ran fast**. – *Er lief schnell.*
Adjektiv:	We were **extremely tired**. – *Wir waren äußerst müde.*
Adverb:	He works **terribly slowly**. – *Er arbeitet furchtbar langsam.*
Satz:	**Unfortunately** we missed him. – *Wir haben ihn leider verpasst.*

Bildung von Adverbien

Viele Adverbien können von Adjektiven abgeleitet werden, indem man ***-ly*** an das Adjektiv anhängt:

quick	quick**ly**	*schnell*
rare	rare**ly**	*selten*

Es gibt aber folgende Sonderregeln bei der Bildung:
- Endet das Adjektiv auf Konsonant + *-le*, wird nur das *-e* durch *-y* ersetzt:
  proba**ble** proba**bly** *wahrscheinlich*
  sim**ple** sim**ply** *einfach*
- Endet das Adjektiv auf *-y*, wird beim Adverb das *-y* durch *-ily* ersetzt:
  eas**y** eas**ily** *einfach, leicht*
- Bei Adjektiven auf *-ic* lautet die Adverbendung *-ally*:
  automat**ic** automatic**ally** *automatisch*

Wichtige Ausnahmen

Die Bildung einiger Adverbien erfolgt anders als nach den oben stehenden Regeln. Hierzu gehören:
full → **fully** *(voll)*, public → **publicly** *(öffentlich)*, shy → **shyly** *(schüchtern)*, true → **truly** *(wahrhaftig)*, whole → **wholly** *(ganz)*

Einige Adverbien haben die gleiche Form wie die entsprechenden Adjektive:

back	*zurück*	**high**	*hoch*
close	*nahe*	**late**	*spät*
deep	*tief*	**left/right**	*links/rechts*
early	*früh*	**long**	*lang*
enough	*genug*	**near**	*nah*
far	*weit*	**right**	*richtig*
fast	*schnell*	**straight**	*gerade/direkt*
hard	*hart, kräftig*	**wrong**	*falsch*

Zu bestimmten Adjektiven, die auf *-ly* enden, können keine Adverbien gebildet werden. Stattdessen werden Umschreibungen verwendet:

friendly	**in a friendly way**	*freundlich*
silly	**in a silly fashion**	*albern, dumm*

Achtung! Das Adverb zu ***good*** (gut) heißt ***well***.

Steigerungsformen

Folgende Adverbien bilden die Steigerungsformen wie Adjektive mit ***-(e)r*** und ***-est***:

close	close**r**	close**st**	*nahe*
early	earl**ier**	earl**iest**	*früh*
fast	fast**er**	fast**est**	*schnell*
hard	hard**er**	hard**est**	*hart, kräftig*
wide	wide**r**	wide**st**	*weit, breit*

Die meisten Adverbien mit zwei und mehr Silben verwenden zur Steigerung jedoch ***more*** und ***most***:
clearly → **more** clearly → **most** clearly
klar, klarer, am klarsten

Unregelmäßige Steigerungsformen:

well	better	best	*gut, besser, am besten*
far	further/ farther	furthest/ farthest	*weit, weiter, am weitesten*
little	less	least	*wenig, weniger, am wenigsten*

Das Adverb ***badly*** hat verschiedene Bedeutungen und Steigerungsformen:
- badly → **more** badly → **most** badly – *schlimm*
The driver was **more badly** hurt than the passenger. *Der Fahrer war schlimmer verletzt als der Fahrgast.*
- badly → **worse** → **worst** – *schlecht*
We did badly in our exam, but Sam did **worst** of all. *Wir schnitten in der Prüfung schlecht ab, aber Sam schnitt am allerschlechtesten ab.*

Achtung! Folgende ähnlich aussehende Adverbien dürfen nicht verwechselt werden:

hard	*hart, kräftig*	≠	**hardly**	*kaum*
fair	*fair*	≠	**fairly**	*gerecht, ziemlich*
late	*spät*	≠	**lately**	*in letzter Zeit*
pretty	*ziemlich*	≠	**prettily**	*nett, hübsch*

Position des Adverbs

Das Adverb steht nie zwischen Verb und Objekt.

Adverbien der Art und Weise können vor dem Verb oder nach dem Objekt stehen:
He **carefully** lifted up the injured bird.
Oder: He lifted up the injured bird **carefully**.
Er hob den verletzten Vogel vorsichtig auf.

Adverbien der Häufigkeit *(always, often, frequently, sometimes, occasionally, never …)* stehen
- nach dem Hilfsverb:
  We have **never** been to Paris. – *Wir sind noch nie in Paris gewesen.*
- zwischen Subjekt und Verb, wenn kein Hilfsverb vorhanden ist:
  The train **usually** arrives on time. – *Normalerweise kommt der Zug pünktlich an.*
- manchmal zur Betonung am Satzanfang:
  Usually we meet every Friday. – *Gewöhnlich treffen wir uns jeden Freitag.*

Zahlen

Grundzahlen

1	one	11	eleven	21	twenty-one
2	two	12	twelve	22	twenty-two
3	three	13	thirteen	30	thirty
4	four	14	fourteen	40	forty
5	five	15	fifteen	50	fifty
6	six	16	sixteen	60	sixty
7	seven	17	seventeen	70	seventy
8	eight	18	eighteen	80	eighty
9	nine	19	nineteen	90	ninety
10	ten	20	twenty	100	one hundred

101	one hundred and one
1,000	one thousand
100,000	one hundred thousand
1,000,000	one million

Das Wort „Milliarde" gibt es im Englischen nicht. Stattdessen sagt man ***a billion*** oder ***a thousand million***. Eine Billion heißt ***a trillion***.

Achtung! Wenn man Zahlen in Ziffern schreibt, muss man beachten, dass im Englischen die Stellen hinter dem Komma durch einen Punkt getrennt und Tausenderschritte durch ein Komma gekennzeichnet werden. Dezimalzahlen werden einzeln gesagt.
980,076.55 – nine hundred and eighty thousand and seventy-six point five five (deutsch: 980.076,55)

Ordnungszahlen

Bei den Ordnungszahlen wird einfach ***-th*** an das Zahlwort angehängt:
four**th** (**4th**) – *vierte/r/s*, six**th** (**6th**) – *sechste/r/s* etc.

Ausnahmen:
first (1st) – *erste/r/s*, **second (2nd)** – *zweite/r/s*, **third (3rd)** – *dritte/r/s*, fif**th** (**5th**) – *fünfte/r/s*

Bei Zahlen, die auf *-y* enden, wird das *-y* durch ***-ieth*** ersetzt:
twent**ieth** (**20th**) – *zwanzigste/r/s* etc.

Pronomen

Personalpronomen

Personalpronomen als Subjekt

Singular		Plural	
I	*ich*	**we**	*wir*
you	*du, Sie*	**you**	*ihr, Sie*
he	*er*	**they**	*sie*
she	*sie*		
it	*es*		

Das Englische hat nur eine Form für „du", „ihr" und „Sie", nämlich ***you***.
Peter, can **you** help me? – *Peter, kannst du mir helfen?*
Peter and Sara, can **you** help me? – *Peter und Sara, könnt ihr mir helfen?*
Excuse me, Mr Brown, can **you** help me please? – *Entschuldigung, Herr Brown, können Sie mir bitte helfen?*

Wenn man sich bei allgemeinen Aussagen nicht eindeutig auf ein Geschlecht bezieht, werden bei den Pronomen beide Geschlechter berücksichtigt:
If a customer is not happy, **he or she** should ring the manager. – *Wenn eine Kundin/ein Kunde nicht zufrieden ist, soll sie/er den Manager anrufen.*

In der gesprochenen Sprache kann man auch ***they*** statt *he or she* verwenden:
If one of the children is hungry, ***he or she/they*** can get an apple from the kitchen. – *Wenn eines der Kinder Hunger hat, kann es sich einen Apfel aus der Küche holen.*

Personalpronomen als Objekt

Singular		Plural	
me	*mich, mir*	**us**	*uns*
you	*dich, dir, Sie, Ihnen*	**you**	*euch, Sie, Ihnen*
him	*ihn, ihm*	**them**	*sie, ihnen*
her	*sie, ihr*		
it	*es, ihm*		

Have you seen my brother? Yes I saw **him** in the cafeteria. – *Hast du meinen Bruder gesehen? Ja, ich sah ihn in der Kantine.*
Was he alone? No, Paul was **with him**. – *War er allein? Nein, Paul war dabei.*

Achtung! Wenn ein Pronomen allein oder nach dem Verb *be* steht, wird die Objektform verwendet:
Who wants a chocolate? **Me**! – *Wer möchte eine Praline? **Ich**!*
It's **them**! – ***Sie** sind es.*

Possessivbegleiter und -pronomen

Possessivbegleiter und -pronomen haben im Englischen in allen Fällen die gleiche Form.

Possessivbegleiter		Possessivpronomen	
Singular			
my	*mein, meine*	**mine**	*meine/r/s*
your	*dein, deine, Ihr, Ihre*	**yours**	*deine/r/s, Ihre/r/s*
his	*sein, seine*	**his**	*seine/r/s*
her	*ihr, ihre*	**hers**	*ihre/r/s*
its	*sein, seine*	**its**	*seine/r/s*
Plural			
our	*unser, unsere*	**ours**	*unsere/r/s*
your	*euer, eure, Ihr, Ihre*	**yours**	*eure/r/s, Ihre/r/s*
their	*ihr, ihre*	**theirs**	*ihre/r/s*

Possessivbegleiter stehen vor dem Substantiv, auf das sie sich beziehen:
Can I put **my** keys into **your** bag? – *Kann ich meine Schlüssel in deine/Ihre Tasche stecken?*
This is a very old house, but **its** windows are new. – *Dies ist ein sehr altes Haus, aber seine Fenster sind neu.*

Possessivpronomen ersetzen ein Substantiv, das zuvor genannt wurde:
Is that Carol's book? No, it is **mine**. – *Ist das Carols Buch? Nein, es ist meines.*
Is that her key? No, it is **his**. – *Ist das ihr Schlüssel? Nein, es ist seiner.*

Reflexivpronomen

Singular		Plural	
myself	*mich, mir*	**ourselves**	*uns*
yourself	*dich, dir*	**yourselves**	*euch*
himself	*sich*	**themselves**	*sich*
herself	*sich*		
itself	*sich*		

Reflexivpronomen werden meistens zusammen mit Verben benutzt:
He cut **himself**. – *Er hat sich geschnitten.*

Reflexivpronomen werden im Englischen auch verwendet, wo im Deutschen „(sich) selbst/selber" steht:
You know that **yourself**. – *Das weißt du doch selbst.*

Häufige Wendungen mit Reflexivpronomen:
Help **yourself**! – *Bedienen Sie sich!*, Enjoy **yourselves**! – *Viel Spaß!*, Behave **yourself**! – *Benimm dich!*, Do it **yourself**! – *Mach es selber!*

Viele Verben, die im Deutschen reflexiv sind, sind im Englischen nicht reflexiv oder es wird *each other* (im Sinne von „sich gegenseitig/einander") verwendet:
We must **change** before we go out. – *Wir müssen uns umziehen, bevor wir ausgehen.*
We have known **each other** since we were at school. – *Wir kennen uns seit der Schulzeit.*

Weitere englische Verben ohne Reflexivpronomen: *approach* (sich nähern), *complain* (sich beschweren), *imagine* (sich vorstellen), *move* (sich bewegen), *remember* (sich erinnern), *sit down* (sich setzen)

Das Pronomen **„man"** gibt es im Englischen nicht. Für allgemeine Aussagen wird ***you*** oder ***one*** verwendet. Die Form *one* ist formeller als die Form *you*.
You/One should look right and left before **you** cross/**one** crosses the road. – *Man sollte nach rechts und links schauen, bevor man die Straße überquert.*

Achtung! Das Possessivpronomen für *one* im Sinne von „man" ist *one's*:
One should wash **one's** hands before one eats. – *Man sollte sich vor dem Essen die Hände waschen.*

Demonstrativpronomen und -begleiter

Singular		Plural	
this	*dieser, diese, dieses; das hier*	**these**	*diese; diese hier*
that	*dies/das da*	**those**	*diese da*

This/these bezeichnen – vom Sprecher aus gesehen – etwas örtlich oder zeitlich nahe Gelegenes, ***that/those*** etwas örtlich oder zeitlich Entferntes.

This/these und *that/those* können als **Demonstrativbegleiter** vor dem Substantiv benutzt werden:
I like **this** skirt, but I like **that** dress over there more. – *Mir gefällt dieser Rock, aber das Kleid dort drüben gefällt mir besser.*

Sie können aber auch allein als **Demonstrativpronomen** stehen und sich auf ein Substantiv beziehen, das ggf. danach genannt wird:
These are the right numbers. – *Diese hier sind die richtigen Nummern.*

Relativpronomen

Im Englischen gibt es drei Relativpronomen: ***who***, ***which*** und ***that***. In der gesprochenen Sprache ist *that* am häufigsten.

Für Personen wird ***who*** oder ***that*** benutzt:
That is the woman **who/that** sold me the mobile phone. – *Das ist die Frau, die mir das Handy verkauft hat.*

Für Sachen wird ***which*** oder ***that*** verwendet:
Look, this is the new mobile phone **which/that** I bought last week. – *Schau, das ist das neue Handy, das ich letzte Woche gekauft habe.*

Wenn das Relativpronomen Objekt des Relativsatzes ist, kann es weggelassen werden:
This is the book **(that)** we bought yesterday. – *Dies hier ist das Buch, das wir gestern gekauft haben.*

Fragewörter

what	*was*	**What** does *www* mean?
which	*welche/r/s*	**Which** is/are yours?
who	*wer*	**Who** invited you?
whose	*wessen*	**Whose** coat is this?
where	*wo*	**Where** do you live?
when	*wann*	**When** is he arriving?
why	*warum*	**Why** are you late?
how	*wie*	**How** are you?
how much	*wie viel*	**How much** is that?
how many	*wie viele*	**How many** are there?

Achtung! Fragewörter werden nicht immer genauso wie im Deutschen verwendet.
Where are you going **to**? – *Wohin gehst du?/ Wo gehst du hin?*
What time is it? – *Wie viel Uhr ist es?*
What is your name? – *Wie ist Ihr Name?*

Mengenwörter

Much, many – little, few

- ***much*** (viel) und ***little*** (wenig) werden bei nicht zählbaren Wörtern benutzt. Die Steigerung ist unregelmäßig:
  much money → **more** money → **(the) most** money – *viel Geld, mehr Geld, das meiste Geld*
  little interest → **less** interest → **(the) least** interest – *wenig Interesse, weniger Interesse, das geringste Interesse*
- ***many*** (viele) und ***few*** (wenige) werden bei zählbaren Wörtern benutzt. Auch sie werden unregelmäßig gesteigert:
  many mistakes → **more** mistakes → **(the) most** mistakes – *viele Fehler, mehr Fehler, die meisten Fehler*
  few spectators → **fewer** spectators → **(the) fewest** spectators – *wenige Zuschauer, weniger Zuschauer, die wenigsten Zuschauer*
- Recht gebräuchlich sind auch ***a little*** (ein wenig/ ein bisschen) bei nicht zählbaren Wörtern und ***a few*** (einige/ein paar) bei zählbaren Wörtern:
  a little water – *ein wenig Wasser*
  a few guests – *einige Gäste*
- ***a lot (of)/lots (of)*** (viel, viele/eine Menge) wird in der Alltagssprache bei zählbaren und nicht zählbaren Wörtern verwendet. Dabei gilt: Folgt auf *a lot* ein Substantiv, wird *of* eingeschoben.
  Have you got **a lot of** money? No, I haven't got **a lot**.– *Hast du viel Geld? Nein, ich habe nicht viel (Geld).*

Weitere Mengenwörter

- ***everybody, everyone*** und ***every*** (+ Substantiv) werden für „jeder/jede/ jedes" verwendet:
  Every year we have a big party and **everyone** brings a cake. – *Jedes Jahr feiern wir eine Party und jeder bringt einen Kuchen mit.*
- ***each*** betont, dass „jeder/jede/jedes einzelne" gemeint ist:
  Each person has to fill in a form and **each** form has to be checked. – *Jeder (einzelne) muss ein Formular ausfüllen und jedes (einzelne) Formular muss geprüft werden.*
- ***some*** und ***any*** bedeuten „einige" bei zählbaren bzw. „etwas" bei nicht zählbaren Wörtern.
  In positiven Aussagesätzen wird meist *some*, in Fragen und bei Verneinungen wird meist *any* verwendet:
  I need **some** eggs. Have you got **any**? – *Ich brauche ein paar Eier. Hast du welche?*
  Have you got **any** sugar? I need **some** for my cake. Sorry, I haven't got **any**. – *Hast du Zucker? Ich brauche etwas davon/welchen für meinen Kuchen. Tut mir leid, ich habe keinen.*
- ***no*** + Substantiv (kein/e) kann oft statt eines verneinten Satzes benutzt werden:
  I haven't got children → I have **no** children.
  Ich habe keine Kinder.
- ***nobody*** und ***no one*** (keine/r) werden als Pronomen bei Personen gebraucht:
  No one/Nobody came back. – *Keiner kam zurück.*

Unregelmäßige Verben

Unregelmäßige Verben bilden das Past Simple und das Past Participle nicht nach den normalen Regeln. Am besten lernt man bei diesen Verben Infinitiv, Past-Simple-Form und Past Participle gleich auf einmal.

Infinitiv	Past Simple	Past Participle	
come	came	come	*kommen*
give	gave	given	*geben*
go	went	gone	*gehen*
…			

Weitere Formen unregelmäßiger Verben finden Sie beispielsweise in den PONS Verbtabellen Englisch.

Orthographische Besonderheiten

Die Endung der **3. Person Singular des Present Simple** lautet

- *-es*, wenn der Infinitiv des Verbs auf *-ch, -sh, -ss, -o* oder *-x* endet:
  watch → he watch**es**
- *-ies*, wenn der Infinitiv des Verbs auf Konsonant + *-y* endet:
  study → she stud**ies**

Endung im **Past Simple** und im **Past Participle**:

- Die Endung lautet *-d*, wenn der Infinitiv des Verbs auf *-e* endet:
  arrive → they arrive**d**
- Die Endung lautet *-ied*, wenn der Infinitiv des Verbs auf Konsonant + *-y* endet:
  study → you stud**ied**
- Bei Verben, die auf Vokal + Konsonant enden, wird der Konsonant verdoppelt:
  stop → we stop**ped**
- Bei zweisilbigen Verben, die im Infinitiv auf der letzten Silbe betont werden, wird der Konsonant verdoppelt:
  prefer → I prefer**red**

Bei der Bildung der ***-ing*-Form**

- fällt bei Verben, die auf *-e* enden, dieses *-e* weg:
  have → hav**ing**
- wird der Konsonant verdoppelt, wenn das Verb auf Vokal + Konsonant endet:
  stop → stop**ping**

Englische **Modalverben** haben keine Infinitivform und werden nicht konjugiert. Sie kommen nur im Present Simple und/oder Past Simple vor und werden stets mit einem Vollverb im Infinitiv gebraucht.

he **can** play – *er kann/darf spielen*
he **could** play – *er könnte spielen, er konnte spielen*
he **will** play – *er wird spielen*
he **would** play – *er würde spielen*
he **may** play – *er darf spielen*
he **might** play – *er könnte/dürfte spielen*
he **must** play – *er muss spielen*
he **should** play – *er sollte spielen*

Es gibt auch das Modalverb ***shall***, das bei Fragen benutzt wird, die einen Vorschlag formulieren:
Shall we play cards tonight? – *Wollen wir heute Abend Karten spielen?*

Verneinte Modalverben:
he **cannot/can't** play – *er kann nicht spielen*
he **could not/couldn't** play – *er konnte nicht spielen, er könnte nicht spielen*
he **will not/won't** play – *er wird nicht spielen*
he **would not/wouldn't** play – *er würde nicht spielen*
he **may not** play – *er darf nicht spielen*
he **might not/mightn't** play – *er könnte/dürfte nicht spielen*
he **need not/needn't** play – *er muss nicht spielen/braucht nicht zu spielen*
he **should not/shouldn't** play – *er sollte nicht spielen*

Achtung!
Die Verneinung von ***must*** lautet ***don't have to*** bzw. ***doesn't have to***:
He **doesn't have to** play. – *Er muss nicht spielen.*
Mustn't dagegen heißt „nicht dürfen":
He **mustn't** play. – *Er darf nicht spielen.*

Mit so genannten **Ersatzverben** werden die Zeiten gebildet, in denen die Modalverben nicht existieren:

Modalverb	Ersatzverb
can	be able to
will	be going to
may (i. S. v. *dürfen*)	be allowed to
must	have to
should	be supposed to

Kurzformen gibt es bei den Verben *be, have, will* und *do*. Sie werden in der gesprochenen Sprache häufiger benutzt als die Vollformen. Auch die Verneinungsform *not* wird meist zu *n't* verkürzt und an das Hilfsverb angehängt.

	Vollform		Kurzform
be	**am**	*I*	**'m**
	am not		**'m not**
	are		**'re**
	are not	*you/we/they*	**'re not** / **aren't**
	is	*he/she/it*	**'s**
	is not		**isn't**
	was not	*I/he/she/it*	**wasn't**
	were not	*you/we/they*	**weren't**
have*	**have**	*I/you/we/they*	**'ve**
	have not		**haven't**
	has	*he/she***	**'s**
	has not	*he/she/it*	**hasn't**
	had	*I/you/we/they/he/she***	**'d**
	had not	*I/you/we/they/he/she/it*	**hadn't**
will	**will**	*I/you/we/they/*	**'ll**
	will not	*he/she/it*	**won't**
	would	*I/you/we/they/he/she***	**'d**
	would not	*I/you/we/they/he/she/it*	**wouldn't**
do	**do not**	*I/you/we/they*	**don't**
	does not	*he/she/it*	**doesn't**
	did not	*I/you/we/they/he/she/it*	**didn't**

* Bei *have* als Vollverb werden nur die Vollformen verwendet: I **have** a new deck of cards.
** Für ***it has***, ***it had*** und ***it would*** gibt es keine Kurzform.

I**'m** playing cards. – *Ich spiele gerade Karten.*
They**'ve** played cards. – *Sie haben Karten gespielt.*

Das **Passiv** wird mit den Formen von *be* + Past Participle des Verbs gebildet:
Football **is played** all over the world.
Cricket **was** first **played** in an English village.
The first match **will be played** in Berlin.

Die Verneinung erfolgt in allen Zeiten mit *not*. *Not* steht dabei immer vor dem Past Participle:
Rugby is **not** played in all European countries.

Will man den Urheber der Handlung nennen, benutzt man *by*:
The first goal was scored **by** the captain. – *Das erste Tor wurde vom Kapitän geschossen.*

Konstruktionen mit dem Infinitiv und der *-ing*-Form

Bei vielen Verben kann ein Infinitiv mit ***to*** angeschlossen werden:
She **managed to get** there in time. – *Sie schaffte es, pünktlich dort zu sein.*

Ebenso: *agree* (zustimmen), *ask* (bitten), *hope* (hoffen), *hurry* (sich beeilen), *offer* (anbieten), *refuse* (ablehnen), *want* (wollen), *wish* (wünschen)

Nach manchen Verben muss hingegen die ***-ing*-Form** folgen:
I usually **go shopping** on Saturday. – *Ich gehe normalerweise samstags einkaufen.*

Ebenso: *admit* (erlauben, zulassen), *avoid* (vermeiden), *enjoy* (genießen), *finish* (beenden), *imagine* (sich vorstellen), *miss* (verpassen), *risk* (riskieren), *suggest* (vorschlagen)

Bei manchen Verben kann ein Infinitiv mit **to** oder eine ***-ing*-Form** folgen:
Jane **likes to get up/getting up** early. – *Jane steht gerne früh auf.*

Ebenso: *begin* (beginnen), *hate* (hassen), *love* (lieben), *prefer* (bevorzugen), *start* (anfangen)

Achtung! Bei manchen Verben ändert sich die Bedeutung, je nachdem, ob der Infinitiv oder die *-ing*-Form angehängt wird:
He **stopped to drink**. – *Er blieb stehen, um zu trinken.*
He **stopped smoking**. – *Er hörte auf zu rauchen.*

Fragen und Verneinungen

Fragen und Verneinungen mit Vollverben müssen im Present Simple und Past Simple mit dem Hilfsverb *do* + Infinitiv konstruiert werden.

Present Simple	Past Simple
Do you **play** cards?	Why **did** he **play** cards yesterday?
No, I **don't play** cards.	He **didn't play** cards.

Ausnahmen:

- Fragen nach dem Subjekt (*Who?* – „Wer?") werden ohne *do* gebildet:
  Who **wants** to play cards with me?
- Auch beim Verb *be* sowie bei vielen Modalverben (*can, could, will* usw.) werden Fragen und Verneinungen ohne *do* gebildet:
  Why **are** you so tired? **Can** you tell me the reason?
  I **could not** sleep last night.

In allen anderen Zeiten werden

- Verneinungen immer nur mit *not* gebildet:
  I **have not played** tennis yet.
- Fragen ohne das Hilfsverb *do* konstruiert:
  Have you ever played tennis?

Werden ***do*** und ***have*** als **Vollverben** benutzt, werden Verneinungen und Fragen im Present Simple und Past Simple wie bei allen anderen Vollverben ebenfalls mit *do* konstruiert.
Do you **have** a pencil?
They **did not do** their homework yesterday.

Übrigens: In der Bedeutung von „besitzen" wird häufig auch ***have got/has got*** statt der Present-Simple-Form von *have* benutzt.
Sarah **has got** a bicycle. – *Sarah hat ein Fahrrad.*
Have you **got** a motorbike? – *Hast du ein Motorrad?*

Kurzantworten

Da im Englischen die bloße Antwort mit *yes* oder *no* unhöflich wirkt, werden häufig Kurzantworten verwendet. Hierbei wird das Verb bzw. das Hilfsverb oder Modalverb, das in der Frage verwendet wurde, bei der Antwort wieder aufgenommen.

Are you ready? Yes, I **am**.
Do you play golf? Yes, I **do**.
Did she call them? No, she **did not**.
Have you seen him today? Yes, I **have**.
Can he play cards? Yes, he **can**.

Achtung! Ein Demonstrativpronomen in der Frage wird in der Antwort durch das entsprechende Personalpronomen ersetzt:
Is **that** your hat? No, **it** isn't. – *Ist das dein Hut? Nein.*

Frageanhängsel (question tags)

Für das deutsche „nicht wahr?/oder (nicht)?" gilt im Englischen: Hilfsverb und Subjekt aus dem Aussagesatz werden nochmals aufgenommen. Dabei wird das Subjekt ggf. durch das entsprechende Personalpronomen ersetzt und das Hilfsverb ins Gegenteil gesetzt.

Achtung! Hinter einer bejahenden Aussage steht das verneinte Anhängsel, hinter einer verneinten Aussage steht das bejahende Anhängsel.

Jenny has already arrived, **hasn't she**? – *Jenny ist schon angekommen, oder?*
But Bob is not here, **is he**? – *Aber Bob ist nicht da, oder?*

Wenn im Aussagesatz nur ein Vollverb vorkommt, wird es im question tag durch *do* ersetzt.
You **know** Bob, **don't you**? – *Du kennst Bob, oder nicht?*

Verb

Die unregelmäßigen Verben **be** (sein), **have** (haben, besitzen) und **do** (tun, machen) sind sehr wichtig, denn sie können als Vollverben auftreten, werden aber auch zur Bildung vieler Zeitformen benötigt.

be	have	do
Present Simple		
I am, you are, he/she/it is, we are, you are, they are	I/you/we/they have, he/she/it has	I/you/we/they do, he/she/it does
Past Simple		
I/he/she/it was, you/we/they were	I/you/he/she/it/we/they had	I/you/he/she/it/we/they did
Future Simple		
I/you/he/she/it/we/they will be	I/you/he/she/it/we/they will have	I/you/he/she/it/we/they will do
Present Continuous		
I am being, you/we/they are being, he/she/it is being	I am having, you/we/they are having, he/she/it is having	I am doing, you/we/they are doing, he/she/it is doing
Past Continuous		
I/he/she/it was being, you/we/they were being	I/he/she/it was having, you/we/they were having	I/he/she/it was doing, you/we/they were doing
Present Perfect		
I/you/we/they have been, he/she/it has been	I/you/we/they have had, he/she/it has had	I/you/we/they have done, he/she/it has done
Past Perfect		
I/you/he/she/it/we/they had been	I/you/he/she/it/we/they had had	I/you/he/she/it/we/they had done
Future Perfect		
I/you/he/she/it/we/they will have been	I/you/he/she/it/we/they will have had	I/you/he/she/it/we/they will have done
Present Perfect Continuous		
I/you/we/they have been being, he/she/it has been being	I/you/we/they have been having, he/she/it has been having	I/you/we/they have been doing, he/she/it has been doing
Past Perfect Continuous		
I/you/he/she/it/we/they had been being	I/you/he/she/it/we/they had been having	I/you/he/she/it/we/they had been doing
Conditional		
I/you/he/she/it/we/they would be	I/you/he/she/it/we/they would have	I/you/he/she/it/we/they would do
Conditional Perfect		
I/you/he/she/it/we/they would have been	I/you/he/she/it/we/they would have had	I/you/he/she/it/we/they would have done

Zeitformen

Present Simple

I play, you play, he/she/it play**s**, we play, you play, they play cards every Friday.

Bildung: wie Infinitiv, nur in der 3. Person Singular wird ein *-s* angehängt (siehe jedoch „Orthographische Besonderheiten")

Gebrauch: sich wiederholende Aktivitäten und allgemeine oder objektive Informationen.

Past Simple

Yesterday I play**ed** cards with my friends.

Bildung: Infinitiv + Endung *-ed* (siehe jedoch „Orthographische Besonderheiten")

Achtung! Unregelmäßige Verben haben eigene Formen im Past Simple, die man auswendig lernen muss (siehe auch „Unregelmäßige Verben").

Gebrauch: vollendete, abgeschlossene Handlungen und Fakten in der Vergangenheit. Das Past Simple wird oft mit einer Zeitangabe der Vergangenheit verwendet.

Future Simple

Tomorrow I **will play** cards with you. I promise.

Bildung: *will* + Infinitiv

Gebrauch: für Vorhersagen, Versprechungen, unvermeidbare Fakten und spontane Entscheidungen.

Die ***-ing*-Form** wird zur Bildung der Continuous-Zeiten benötigt. Sie wird durch Anhängen von *-ing* an den Infinitiv gebildet.
play → play**ing**
(siehe jedoch „Orthographische Besonderheiten")

Present Continuous

At the moment I **am** learn**ing** English, but tonight I **am** play**ing** cards with my friends.

Bildung: Present Simple von *be (am, is, are)* + *-ing*-Form des Verbs

Gebrauch: für geplante Ereignisse in der Zukunft und für Vorgänge, die gerade ablaufen.

Past Continuous

I **was** play**ing** cards with my friends, when suddenly the light went off.

Bildung: Past Simple von *be (was, were)* + *-ing*-Form des Verbs

Gebrauch: Vorgänge, die zu einem Zeitpunkt in der Vergangenheit gerade abliefen, als eine neue Handlung eintrat.

Das **Past Participle** wird zur Bildung der Perfect-Zeiten benötigt. Es wird bei regelmäßigen Verben durch Anhängen von *-ed* an den Infinitiv gebildet.
play → play**ed**
(siehe jedoch „Orthographische Besonderheiten")

Achtung! Unregelmäßige Verben haben eigene Past-Participle-Formen, die man auswendig lernen muss (siehe auch „Unregelmäßige Verben").

Present Perfect

I **have played** cards (before), but I am not very good (now).

Bildung: *have/has* + Past Participle

Gebrauch: Handlungen und Ereignisse in der Vergangenheit, die einen Bezug zur Gegenwart haben.

Past Perfect

When Carol arrived I **had** (already) **finished** my homework.

Bildung: *had* + Past Participle

Gebrauch: Vorgänge, die vor einer anderen Handlung in der Vergangenheit bereits abgeschlossen waren.

Future Perfect

I **will have finished** my homework by the time Carol gets here.

Bildung: *will have* + Past Participle

Gebrauch: für Handlungen, die vor einem Zeitpunkt in der Zukunft bereits abgeschlossen sein werden.

Present Perfect Continuous

I **have been** play**ing** cards with my friends since this morning.

Bildung: Present Perfect von *be (have been, has been)* + *-ing*-Form des Verbs

Gebrauch: Vorgänge, die in der Vergangenheit begannen und jetzt immer noch andauern.

Past Perfect Continuous

When Carol arrived I **had been** work**ing** for hours!

Bildung: Past Perfect von *be (had been)* + *-ing*-Form des Verbs

Gebrauch: Vorgänge, die vor einer anderen Handlung in der Vergangenheit begonnen hatten und durch eine neue Handlung unterbrochen wurden.

Conditional

If I knew the rules, I **would play** Skat.

Bildung: *would* + Infinitiv

Gebrauch: im Hauptsatz bei irrealen Bedingungssätzen (siehe „*if*-Sätze").

Conditional Perfect

If I had known the rules, I **would have played** Skat.

Bildung: *would have* + Past Participle

Gebrauch: im Hauptsatz bei irrealen Bedingungssätzen der Vergangenheit (siehe „*if*-Sätze").

Futur mit *going to*

Next Friday at 8 o'clock I **am going to** play cards with my friends.

Bildung: Present Simple von *be (am, are, is)* + *going to* + Infinitiv

Gebrauch: fest geplante bzw. genau vorhersehbare Handlungen in der Zukunft.

Es gibt im Englischen auch das **Future Continuous** (*will be* + *-ing*-Form → *will be playing*) und das **Future Perfect Continuous** (*will have been* + *-ing*-Form → *will have been playing*). Sie werden jedoch nur selten verwendet.

Auf einen Blick

Grammatik

ENGLISCH

Artikel

Unbestimmter Artikel *a*

Die Form *a*

Im Gegensatz zum Deutschen gibt es im Englischen nur einen unbestimmten Artikel: ***a***.

a holiday – *ein Urlaub*, **a** story – *eine Geschichte*, about **a** dog – *über einen Hund*, in **a** town – *in einer Stadt*, on **a** river – *an einem Fluss*

Die Form *an*

Wenn das Wort nach dem Artikel mit einem Vokal beginnt, wird meistens ***an*** benutzt:

an apple – *ein Apfel*
an English river – *ein englischer Fluss*
an insect – *ein Insekt*
an old town – *eine alte Stadt*
an unusual holiday – *ein außergewöhnlicher Urlaub*

Entscheidend ist jedoch nicht, mit welchem Buchstaben das Wort nach dem Artikel beginnt, sondern wie dieser Buchstabe ausgesprochen wird:

- vor den Vokalen *eu* und *u* steht der Artikel ***a***, wenn diese [jʊə] bzw. [juː] ausgesprochen werden:
  They visited **a Eu**ropean city.
  There they went to **a u**niversity.
- vor *h* steht der Artikel ***an***, wenn das *h* nicht gesprochen wird:
  They had to wait **an h**our in a queue.
- vor den Konsonanten *f, h, l, m, n, r, s* und *x* steht ***an***, wenn sie als Einzelbuchstaben ausgesprochen werden:
  There is **an "s"** in the word "island".

Gebrauch des unbestimmten Artikels

Manchmal wird *a* und *an* im Englischen benutzt, wo im Deutschen kein Artikel steht:

- bei Berufen und Nationalitäten:
  She is **a doctor**. – *Sie ist Ärztin.*
  He is **an American**. – *Er ist Amerikaner.*
- bei einigen Zahlen:
  He has **a hundred and thirty** books. – *Er hat (ein)hundertdreißig Bücher.*
- nach *with, without* oder *as* (vor zählbaren Substantiven im Singular):
  a coat **with a** hood – *ein Mantel mit Kapuze*
  without a ticket – *ohne Fahrkarte*
  As a singer he was very successful. – *Als Sänger war er sehr erfolgreich.*
- bei bestimmten Redewendungen:
  I've got **a temperature**. – *Ich habe Fieber.*
  I'm **in a hurry**! – *Ich bin in Eile!*

Bestimmter Artikel *the*

Im Gegensatz zum deutschen „der/die/das …" gibt es im Englischen nur einen bestimmten Artikel: ***the***. Er ist unveränderlich.

The father and **the** mother, **the** child and **the** grandparents went to **the** circus in **the** holidays. – *Der Vater, die Mutter, das Kind und die Großeltern gingen in den Ferien in den Zirkus.*

Achtung! Nicht die Schreibweise, aber die Aussprache von *the* ändert sich manchmal, und zwar in denselben Fällen, in denen der unbestimmte Artikel *an* statt *a* verwendet würde (siehe oben). Dann wird *the* nicht [ðə], sondern [ðiː] ausgesprochen:

The child liked **the e**lephants but not the tigers.
The "h" in the word "hour" is silent.

Gebrauch des bestimmten Artikels

the wird in der Regel wie im Deutschen verwendet.

Kein *the* steht im Englischen jedoch:

- bei Monaten, Wochentagen und vielen Feiertagen:
  His birthday is **in July**. – *Er hat im Juli Geburtstag.*
- bei vielen öffentlichen Einrichtungen, sofern nicht bestimmte Gebäude gemeint sind:
  I have to go **to school**. – *Ich muss in die Schule gehen.*
  Aber: **The** school is not far from here. – *Die Schule* (nämlich eine bestimmte) *ist nicht weit von hier.*
- vor Ländernamen und Seen:
  We are going **to Switzerland to Lake Geneva**. – *Wir fahren in die Schweiz an den Genfer See.*

the steht im Gegensatz zum Deutschen vor Musikinstrumenten:

He plays **the** guitar and **the** drums. – *Er spielt Gitarre und Schlagzeug.*

Substantiv

Groß- und Kleinschreibung

Im Englischen werden alle Substantive kleingeschrieben außer:

- Wochentage, Monatsnamen und Feiertage:
  Today it is **M**onday, 1st **J**anuary. Happy **N**ew **Y**ear! – *Heute ist Montag, der 1. Januar. Alles Gute zum neuen Jahr!*
- Eigennamen:
  In **L**ondon, **B**ob and **S**usan went to see **T**ower **B**ridge. – *In London haben Bob und Susan die Tower Bridge angeschaut.*
- Länderbezeichnungen und Nationalitäten:
  I am **I**talian but I live in **S**pain. – *Ich bin Italiener/in, aber ich lebe in Spanien.*

Geschlecht des Substantivs

Im Englischen sind grundsätzlich nur Personen bzw. Personenbezeichnungen männlich oder weiblich, und zwar entsprechend ihrem natürlichen Geschlecht:

This is my **aunt** Jenny. **She** is very rich. – *Dies ist meine Tante Jenny. Sie ist sehr reich.*
This is my **uncle** Bob. **He** is very old. – *Dies ist mein Onkel Bob. Er ist sehr alt.*
The **girl** over there is only two years old, but **she** is already very tall. – *Das Mädchen dort ist erst zwei Jahre alt, aber es ist schon sehr groß.*

Viele Substantive, die Personen bezeichnen, können männlich und weiblich sein:

- viele Berufsbezeichnungen, z. B.:
  boss – *Chef/Chefin*, student – *Student/Studentin*;
- Wörter wie: customer – *Kunde/Kundin*, guest – *Gast*, friend – *Freund/Freundin*.

Hier wird nur aus dem Zusammenhang klar, ob die Person männlich oder weiblich ist.

A customer has complained. **She** is here. – *Eine Kundin hat sich beschwert. Sie ist hier.*

Dinge, Tiere und Pflanzen sind im Englischen sächlich:

Here is **my desk**. **It** is new. – *Hier ist mein Schreibtisch. Er ist neu.*
This is **a tropical fish**. **It** comes from China. – *Dies ist ein tropischer Fisch. Er kommt aus China.*

Achtung! Tiere, die einem persönlich nahestehen, können dagegen männlich oder weiblich sein:

This is **my goldfish, Amanda**. **She** is two years old. – *Dies ist mein Goldfisch, Amanda. Sie ist zwei Jahre alt.*

Pluralbildung

Einfache Formen

Bei den meisten Substantiven wird im Englischen ein ***-s*** angehängt, um die Pluralform zu bilden:
mother → mother**s**; table → table**s**

Folgende Regeln müssen jedoch beachtet werden:

Singular	Plural	Regel
stor**y** fl**y**	stor**ies** fl**ies**	Endung auf Konsonant + *-y* → Pluralendung ***-ies***
her**o** tomat**o**	her**oes** tomat**oes**	Endung auf Konsonant + *-o* → Pluralendung ***-oes***
hal**f** wi**fe**	hal**ves** wi**ves**	Endung auf *-f* oder *-fe* → Pluralendung ***-ves***
bo**ss** bo**x**	boss**es** box**es**	Endung auf *-s, -ss, -sh, -ch, -x, -z* → Pluralendung ***-es***

Substantive mit besonderen Pluralformen:

child	**children**	foot	**feet**	mouse	**mice**
man	**men**	goose	**geese**	sheep	**sheep**
woman	**women**	tooth	**teeth**	ox	**oxen**

Substantive ohne Singularform

Die englischen Substantive ***glasses*** (Brille), ***jeans*** (Jeans), ***shorts*** (Shorts, kurze Hose), ***scissors*** (Schere) und ***trousers*** (Hose) existieren nur in der Pluralform. Wenn mehrere von ihnen gemeint sind, wird dies mit Hilfe einer Mengenangabe verdeutlicht:

Singular:	new trousers a new pair of trousers	} *eine neue Hose*
Plural:	**two pairs** of trousers	*zwei Hosen*

Substantive ohne Pluralform

Einige englische Substantive, z. B. ***advice*** (Rat, Ratschlag), ***bread*** (Brot), ***information*** (Information) und ***research*** (Forschung), existieren nur im Singular. Auch hier wird eine Mengenangabe benutzt, um sie zu zählen:

a piece of information – *eine Information*
some information – *einige Informationen*

Weitere Sonderformen

- Das englische Wort ***news*** (Nachricht(en), Neuigkeit) wird als Singularwort benutzt:
  That **is** good news. – *Das sind gute Neuigkeiten.*
- Die Wörter ***furniture*** (Möbel) und ***homework*** (Hausaufgaben) sind im Englischen Singularwörter, im Deutschen werden sie dagegen meist als Pluralwörter verwendet:
  His furniture **is** old. – *Seine Möbel sind alt.*

Akkusativ, Dativ, Genitiv

Die Akkusativform (wen/was?) und die Dativform (wem?) der Substantive stimmen mit der Nominativform (wer/was?) überein. Zur Bildung der Genitivform (wessen?) wird bei Personen und Tieren im Singular ***'s*** und im Plural nur ein Apostroph (**'**) angehängt.

Singular	Plural
the cat**'s** tail *der Schwanz der Katze*	the cats**'** tails *die Schwänze der Katzen*
the boss**'s** wife *die Frau des Chefs*	the bosses**'** wives *die Frauen der Chefs*

Für Gegenstände wird meistens ***of*** verwendet:

the title **of** his new book *der Titel seines neuen Buches*	the titles **of** his new books *die Titel seiner neuen Bücher*